AF321469

LE MINISTRE
DE L'INTÉRIEUR,
AUX CORPS ADMINISTRATIFS.

Le 2 Décembre 1792, l'an 1.er de l'Égalité & de la République.

LES Élections viennent de renouveller, dans l'étendue de la République, les Corps destinés à y faire exécuter les Loix. C'est avec vous, Concitoyens, récemment appelés à remplir d'augustes fonctions, que je viens m'entretenir de nos rapports & de nos devoirs.

Les uns tiennent aux autres : appliquons-nous ensemble à les bien connoître, nous ne pourrons manquer de les chérir, car leur objet est le bien public, auquel est attaché, dans un État libre, le bien de chacun, & la gloire de tout Fonctionnaire.

Chargé de surveiller généralement l'exécution des Loix, je vous dois la prompte expédition des Décrets; l'attention de vous en rappeler, & la lettre & l'esprit, lorsque l'erreur ou les circonstances paroissent en altérer la connoissance; le soin d'en faciliter l'exécution, quand il s'agit pour cela de grandes mesures; la confirmation rapide & encourageante de vos décisions, lorsqu'elles sont justes, & que l'attache du Ministre leur est nécessaire; leur cassation rigoureuse dans le cas contraire; car, entre vous & moi, sont toujours les *Administrés*, pour lesquels nous sommes également commis, & la *Loi* qu'ils ne doivent jamais réclamer en vain.

Il y a cependant cette différence, que, nommés par les habitans d'une portion du territoire, il est possible, & même naturel, que les circonstances & les localités vous inspirent quelquefois l'idée de moyens que je ne puis juger que par vos yeux, ou de mesures auxquelles je doive me refuser par

A

des confidérations plus étendues. J'appartiens au tout ; je dois être l'homme de la République, & non celui d'aucun lieu. Nous pouvons donc, par fois, envifager les chofes d'un autre œil ; &, c'eft à caufe de cela, qu'une correfpondance active, & la confiance réciproque, font abfolument néceffaires. La première, rend mon travail immenfe, je ne le crains pas ; la feconde, doit être méritée de part & d'autre. Vous avez, pour bafe de celle que j'aime à prendre en vous, le vœu du peuple qui vous a choifi, dans une époque où l'influence de la cour n'exifte plus ; jufqu'à préfent, elle s'étoit fait fentir prefque par-tout ; & les Corps eux-mêmes, formés par la Conftitution pour fon maintien, étoient infettés çà & là de fujets intéreffés à la détruire. De-là cette lutte pénible, ce froiffement douloureux qui nuifoient à la marche du Gouvernement, & laiffoient en fouffrance toutes les parties.

Aujourd'hui, la royauté profcrite n'offre plus de protection ou d'afyle au defpotifme, aux paffions de qui que ce puiffe être : la loi règne uniformément fur tous, & fon paifible triomphe doit être le but de tous nos efforts, par ce qu'il eft le feul garant de la profpérité publique. La *Loi*, fous un Monarque, peut offrir un nom refpecté, dont on abufe, parce qu'il n'eft rien que ne puiffe pervertir un homme que des attributs ont rendu fupérieurs à fes femblables. La *Loi*, dans une République, eft un Dieu tutélaire, dont le culte ne doit jamais être négligé : c'eft la Providence humaine qui veille fur les foibles, affure aux malheureux un refuge, & dont le refpect eft la première vertu du Citoyen. Si l'on jette un voile fur fon image au moment des infurrections, ce ne doit jamais être pour long-temps, car les paffions violentes font habiles à fe prévaloir de fon filence ; elles acquièrent promptement une audace difficile à réprimer ; & l'accélération d'un mouvement révolutionnaire eft fi rapide, qu'elle amène la diffolution du corps politique, fi l'autorité de la Loi n'eft promptement rétablie. C'eft à vous qu'en eft confié l'exercice ; c'eft à vous de la faire aimer.

La *police générale* & *le maintien de l'ordre public*, tel eft à-la-fois l'enfemble & le but des travaux qui vous font attribués. Tout ce qui intéresse la conservation & l'usage du droit de *propriété*, tout ce qui peut servir à consolider & garantir la *sûreté individuelle*, est du ressort de votre surveillance. Ainsi, le Département où il existe un Citoyen lésé dans sa possession ou sa liberté, a des Administrateurs coupables, ou justement suspectés, c'est, du moins, ce que vous ne devez cesser de vous dire ; car, s'il est quelques exceptions par le fait, il n'en est point dans le principe ; & là où le premier Corps administratif réunira l'intégrité, la vigilance & la capacité nécessaires à remplir ses devoirs, tous les Officiers publics seront fidèles aux leurs.

Mon activité à vous transmettre les Décrets demeureroit nulle, si vous n'en mettiez une égale à leur publicité ; cet article est d'autant plus important, que les intermédiaires sont nombreux, que la correspondance entre les Départemens devant être continuelle, ainsi que leur réaction, il faut que la marche des Loix soit égale dans tous, & qu'enfin dans la situation extraordinaire où nous sommes, à peine échappés du naufrage, agités encore par la tourmente, il est nécessairement des loix de circonstance, dont le secours ne peut, sans dangers, être différé d'un moment.

Le Pouvoir judiciaire est remis aux Tribunaux, mais vous avez l'œil & l'action sur la *Justice distributive*, par la dénonciation de tout ce qui peut l'offenser.

L'emploi de la force publique est confié à votre sagesse, & constitue votre puissance ; mais celle-ci ne sera jamais plus grande que quand vous n'aurez pas besoin d'y recourir.

Ce n'est qu'après avoir épuisé les moyens de persuasion qu'on peut en déployer de coercitifs, & les premiers suffisent presque toujours à des Administrateurs qui méritent la confiance. Dans un régime libre, l'opinion est le lévier de l'Etat ; on peut en abuser en travaillant à la corrompre, mais le règne de celui qui l'égare est de courte durée ; on ne la dirige qu'en l'éclairant, & cette manière de s'en servir ne permet pas d'en faire une dangereuse application.

De même que la vérité, bien sentie, clairement exprimée, a toujours quelqu'éloquence, la vertu ne manque pas d'une sorte d'autorité. Dès que l'une & l'autre accompagnent l'homme public, il a toute l'influence qu'il lui est permis de défirer, parce que c'est la feule qui lui foit néceffaire pour faire le bien. Si des circonftances rares & difficiles exigent l'emploi de la force, il devient d'autant plus impofant, qu'il a été précédé de celui de la perfuafion : dès-lors les gens de bien l'applaudiffent, leur vœu a précédé fon recours, & c'est aux feuls fcélérats de trembler.

L'un des premiers effets du *maintien de l'ordre public*, doit être la *libre circulation des fubfiftances*; cet objet effentiel demande une attention particulière, & parce qu'il tient à la fatisfaction du premier befoin de la vie, & parce qu'il eft dans les Républiques le motif d'agitation faifi par les malveillans.

Le fage Décret que vient de rendre à ce fujet la Convention Nationale, eft le code de la raifon pour cette partie; il fera fuivi d'une inftruction que vous aurez foin de répandre le plus généralement qu'il foit poffible, afin que tous les efprits fe pénètrent des principes, à l'obfervation defquels font attachées la paix & l'abondance.

Ma vigilance à répondre à vos demandes de fecours, égalera celle que j'emploie à faire au dehors les achats dont je fuis chargé. J'ai voulu édifier mes concitoyens fur cette portion calomniée de mon adminiftration, en publiant les comptes détaillés que j'avois déjà rendus à la Convention. Je ne puis qu'y renvoyer, en répétant que je n'ai jamais à faire aucuns achats de grains dans l'intérieur, & que l'intérêt de mon miniftère dans cette partie, eft tout entier à la meilleure répartition, à la plus libre circulation des fubfiftances pour la fatisfaction égale du befoin, & le jufte partage de l'abondance entre tous les Départemens.

Dans les furveillances adminiftratives que vous devez exercer, les *Hôpitaux*, les *Prifons*, les *Maifons de fecours & de Charité*, follicitent particulièrement l'œil attentif de la bienveillance. C'eft dans les *Hôpitaux* que gémit l'humanité fouffrante; c'eft dans les *Prifons* que fe trouve par-fois l'innocence accufée, & que le malheureux prévenu de crime, ou le criminel lui-même, jugé ou non jugé, attend les foins que doit la fociété à celui dont elle conferve l'exiftence; c'eft enfin, dans les *Maifons de charité*, que s'entretiennent tant d'individus dans lefquels l'homme fenfible veut honorer le caractère de l'efpèce, & que l'homme d'etat doit toujours chercher a améliorer.

La conftruction de ces divers refuges, leur adminiftration, leur tenue, ont une prodigieufe influence fur le corps entier de la Société, fur fon état phyfique, fon caractère moral; ils portent l'empreinte du gouvernement, & font les derniers témoins de fa barbarie, ou l'une des preuves de fon excellence.

Prefque tout eft à faire dans cette partie; nos Hôpitaux, pour la plupart, ont plus de luxe que de commodités; le defpotifme faifoit élever de fomptueux édifices dans lefquels il entaffoit fes victimes; il montroit les premiers avec orgueil, fans rougir ni s'inquietter des autres. Manifefter fa puiffance, étonner par fa grandeur, c'eft tout ce qu'il favoit ambitionner; les peuples, dans leur fottife, s'humilioient devant cet appareil, dont ils payoient les frais, & fous lequel ils mouroient opprimés! Les Prifons, bien plus affreufes, fembloient avoir été inventées pour achever de dégrader l'humanité. C'eft à vous, Adminiftrateurs, d'établir, dans ces réduits de la mifère & de l'infortune, la falubrité qui conferve, l'ordre qui régénère, la juftice & la bonté qui confolent.

La douce influence d'un Gouvernement libre doit s'étendre avec une attention religieufe fur les objets confacrés par le malheur; la pitié refpectueufe & les foins généreux font une dette qu'il acquitte envers eux; car c'eft toujours par l'effet de quelque vice qui lui eft particulier, qu'exiftent ces objets.

Les *Travaux publics* ouvrent une grande carrière aux vues des Adminiftrations; c'eft par eux qu'on peut foutenir une claffe nombreufe que la tyrannie dévoua à la pauvreté; c'eft par eux qu'on doit réparer les rigueurs de la nature, faciliter le cours de l'induftrie, vivifier toutes les parties de la République, accroître fa profpérité; c'eft avec eux qu'il s'agit de préparer des moyens & des reffources, d'occupation & d'aifance, aux enfans de la Patrie, combattant aujourd'hui pour fa défenfe, lorfqu'ils rentreront dans fon fein.

Sur tous ces objets, vous me devez des renfeignemens, des

faits, dés lumières, parce que c'eſt d'après le recueillement de tout ce qui m'eſt fourni, que je puis arrêter des plans généraux, lier leur exécution, en démontrer la néceſſité au Corps Légiſlatif, en diriger l'utilité pour le plus grand bien & la plus étroite union de tous les Départemens; maintenir, dans toutes les parties de l'Adminiſtration, la conformité de principes, l'unité d'action, y entretenir la même activité, y répandre le même eſprit; reſſerrer ainſi les liens de la fraternité, pour l'avantage commun & la plus grande force de la République.

Si, dans la multiplicité des affaires que cette foule d'objets apporte chaque jour à mon examen, il m'échappe quelque erreur ou quelque contradiction, faites-les moi connoître; mon intention n'eſt pas douteuſe, hâtez-vous donc de la feconder, en me remettant ſur la voie dont je me ferois écarté.

Mais, ce que je vous demande d'office, trouvez bon que je le faſſe pour remplir ma première obligation. Je dois vous rappeler à la Loi, toutes les fois que vous avez paru l'oublier; & ſi la gravité des cas, ou l'amertume des plaintes qui m'auroient été adreſſées, me font mettre de la roideur ou de la févérité dans mes obſervations, rappelez-vous, qu'abſolument étranger aux perſonnes, je ne puis voir que les choſes & ne ſaurois mêler à l'impreſſion que je reçois d'elles, aucun eſpèce de ſentiment particulier, dont qui que ce foit doive être bleſſé.

Rappelez-vous que toujours l'homme de la République, je me défends au contraire de participer aux affections partielles qui peuvent vous entraîner; le conſentement de tout un Département ne ſauroit être à mes yeux l'excuſe d'une tentative dont ſe plaindroit un Département voiſin, & qui feroit contraire aux Loix établies pour tous.

Je ne vous parle pas de la répartition de l'impôt, & de la vente des biens nationaux; cette partie fiſcale ou financière n'eſt point de mon département, & nous n'avons pas de rapports à cet égard; mais je vous invite à mettre autant d'exactitude que de célérité dans le féqueſtre des biens des Émigrés. Sans doute l'activité ne doit jamais conduire à la

perfécution & s'exercer contre ceux que la Loi n'a pas dé-
fignée; mais elle eft précife, & vous devez, impaffibles
comme elle, agir d'après fa diĉtée.

Il me refte à vous exhorter à l'économie la plus févère,
afin d'éviter la multiplicité des fols addionnels à l'impôt, dont
la quotité deviendroit une furcharge. L'économie eft facile
avec beaucoup d'ordre, & l'éloignement du luxe. Les fuper-
fluités de celui-ci ont le double inconvénient d'augmenter
les charges du peuple, & d'altérer fa confiance dans les
Adminiftrateurs. L'auftérité des mœurs & l'exemple de la
vertu, doivent caraĉtérifer ceux d'un peuple libre; l'une &
l'autre doivent fe montrer dans toutes leurs opérations, leur
conferver cette fimplicité qu'on aime, cette grandeur qu'on
refpeĉte. L'exemple d'Ariftide & de Caton ont plus fait
peut-être pour l'inftruĉtion de l'efpèce, que tous les préceptes
de la Philofophie.

L'inftruĉtion publique occupera inceffamment la Convention, elle vous offrira de nouveaux objets à furveiller; mais
elle ne vous difpenfera jamais de l'exemple; cette leçon
vivante que s'impofe de donner tout homme qui accepte des
fonĉtions publiques. L'inftruĉtion du peuple eft l'effet le plus
défirable de la liberté, celui que devroient hâter les foins des
citoyens éclairés; vous pouvez l'accélérer & la faciliter, &
vous devez favorifer les Sociétés populaires qui font très-
propres à la feconder.

Les abus de quelques-unes ne doivent pas rendre injufte à
leur égard, & fermer les yeux fur leur utilité. Qu'un peuple
fortant avec effort de la fange de la corruption, développe
dans les affemblées, où il fe réunit librement, des paffions
inquiettes & jaloufes, de l'emportement, du délire; qu'il
faififfe avec avidité les flagorneries dont on le berce, les
foupçons dont on le chatouille, les calomnies dont on aiguife
fa malignité; c'eft un petit mal auquel il faut s'attendre,
particulièrement dans les grandes villes, & principalement
à Paris. Malheur au Philofophe qui en feroit étonné, & à
l'Adminiftrateur qui pourroit le craindre! Ce font les flétrif-
fures des fers que nous avons portés; elles ne peuvent dif-
paroître qu'avec la régénération des mœurs. En attendant

qu'elles soient effacées, l'homme public doit marcher ferme au milieu des obstacles qu'on lui élève, des dégoûts qu'on cherche à lui susciter, des injures qu'on lui adresse. Ce n'est pas pour lui qu'il travaille ; qu'importe ce qu'il devienne ! sa conscience l'accompagne, & la postérité prendra soin de sa gloire.

Il n'a pas plus à craindre une dénonciation qu'un examen ; si elle est fausse, elle doit tomber ; s'il y a donné lieu, il est juste qu'il en porte sa peine. S'il arrivoit qu'elle produisît un excès fâcheux, ce seroit l'époque où la cruelle manie s'en passeroit efficacement, & cette considération doit consoler à l'avance celui qui pourroit en être victime ; quiconque ne raisonne point avec ce courage, n'est pas fait pour être en place dans un temps de révolution.

Aucune considération particulière, aucune appréhension indigne ne doit arrêter des Administrateurs dans la protection à accorder aux Sociétés populaires ; elles seroient l'asyles de la liberté, si la liberté étoit fuyante, & elles se perfectionneront avec elles. Mais c'est en les dirigeant vers l'instruction, qu'elles peuvent devenir plus utiles, & c'est dans cet esprit que vous devez les soutenir & les former.

Libre circulation de subsistances, de lumières, d'idées, de sentiments ; maintien de l'ordre, par l'exacte observation des Loix ; par l'instruction qui appelle la soumission, par la persuasion qui naît de la confiance ; rectitude, publicité, activité d'opérations ; régime de bienveillance & d'égalité : voilà votre code & vos moyens. C'est aussi ma profession de foi. Travaillons ensemble à remplir notre tâche exactement, & vengeons-nous à faire le bien de tout ce que l'ignorance ou la mauvaise foi pourroient tenter pour l'empêcher.

Signé ROLAND.

www.ingramcontent.com/pod-product-compliance
Lightning Source LLC
LaVergne TN
LVHW050236060726
842525LV00007B/2691